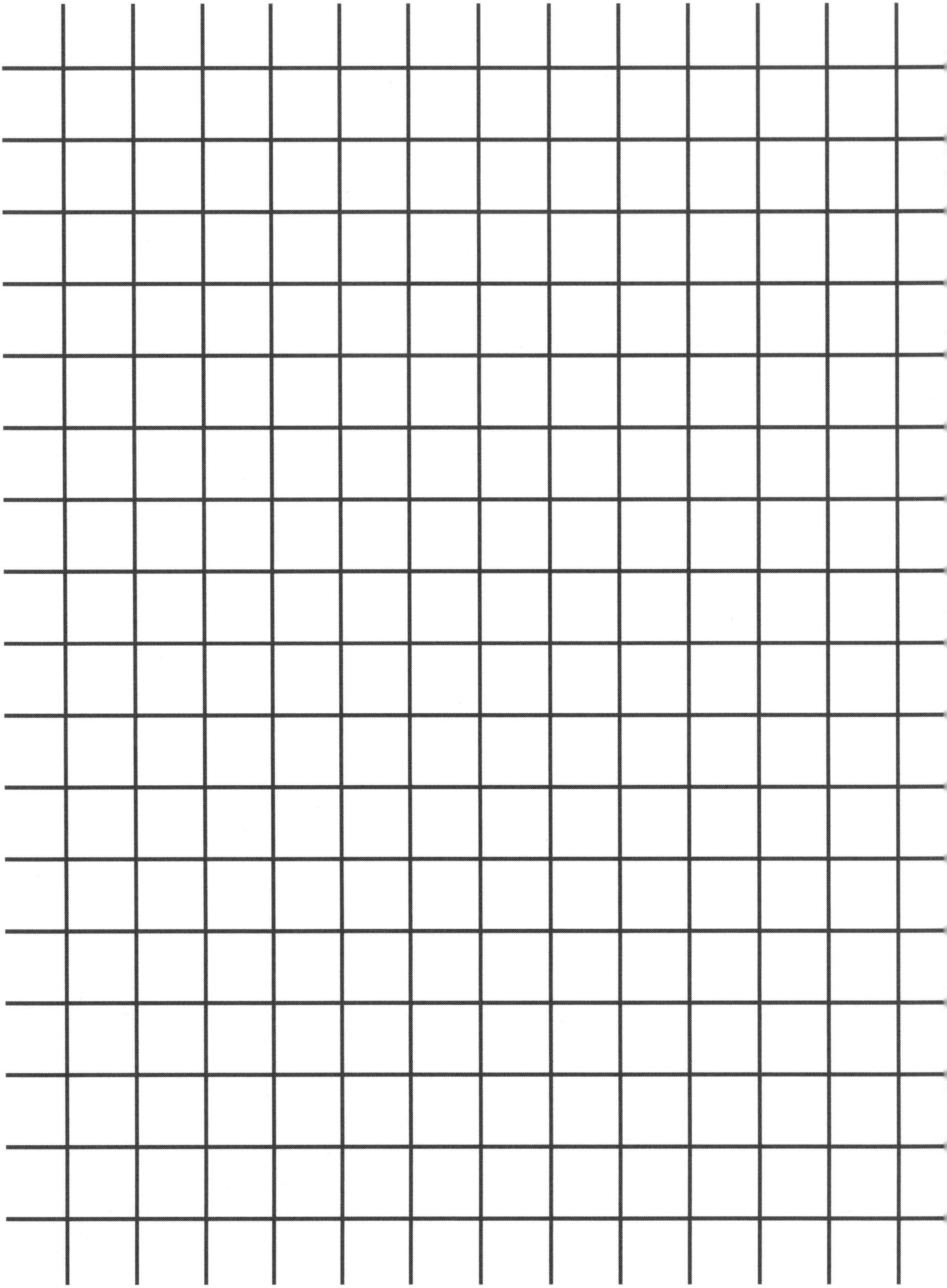

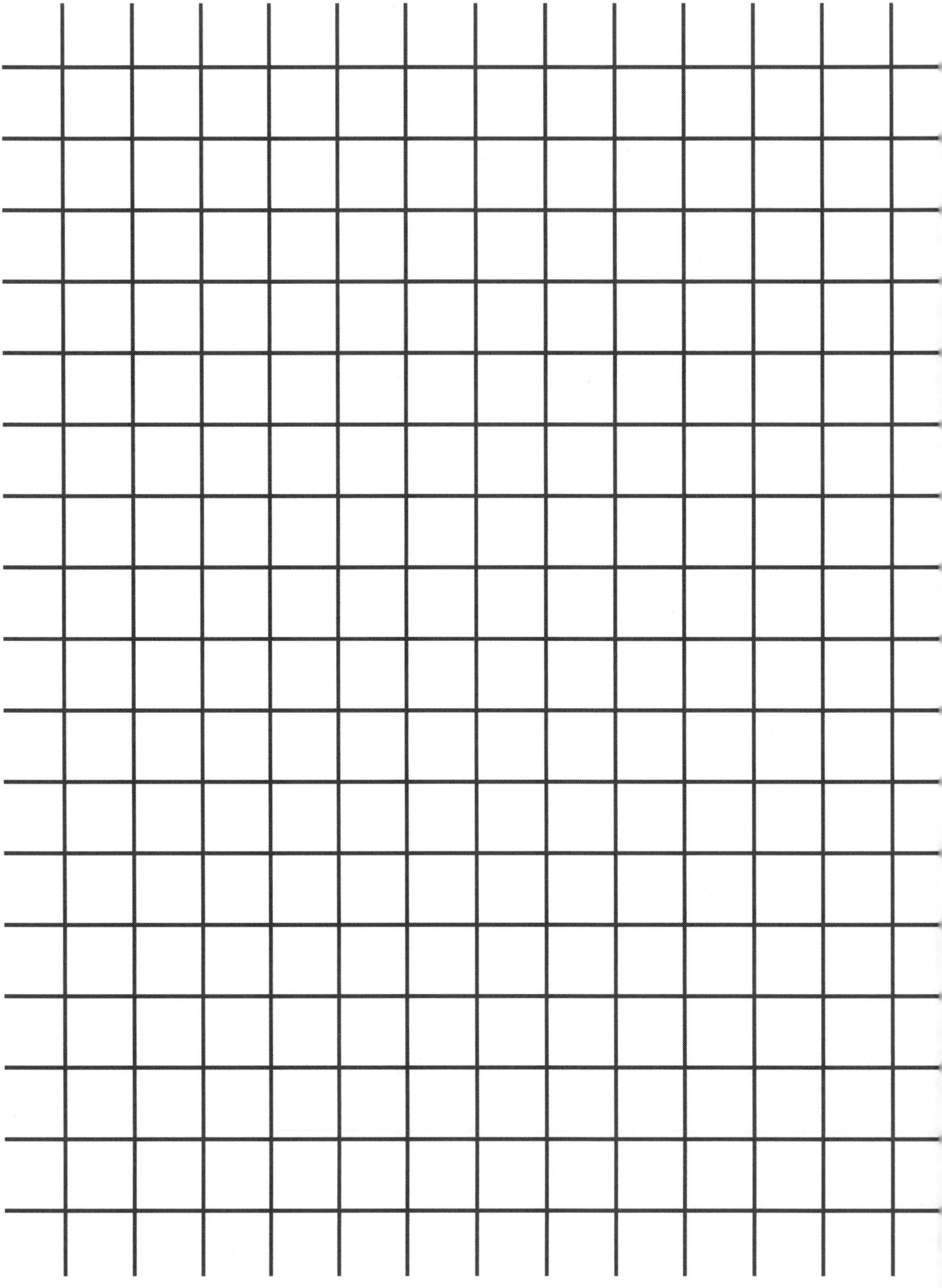

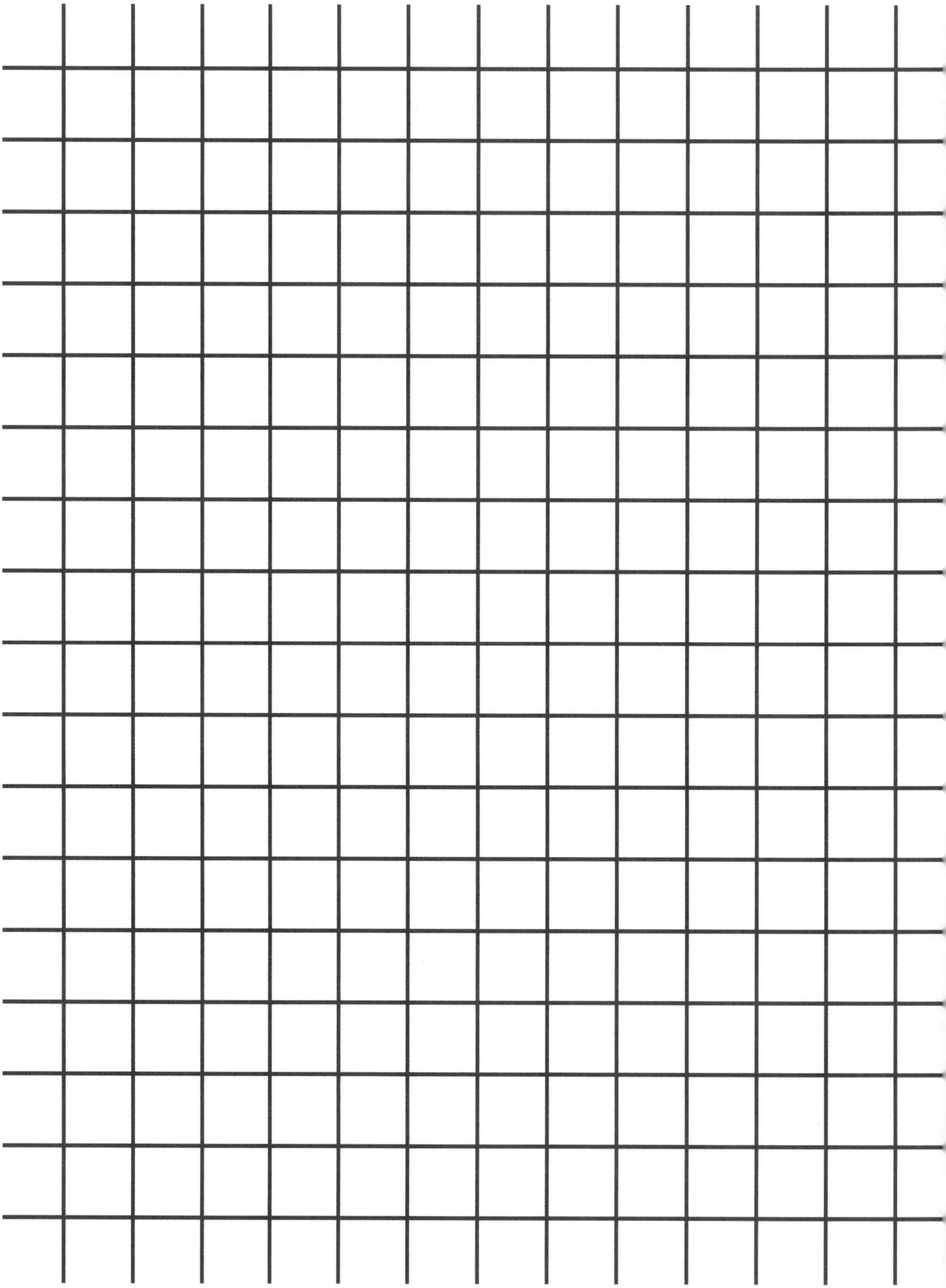

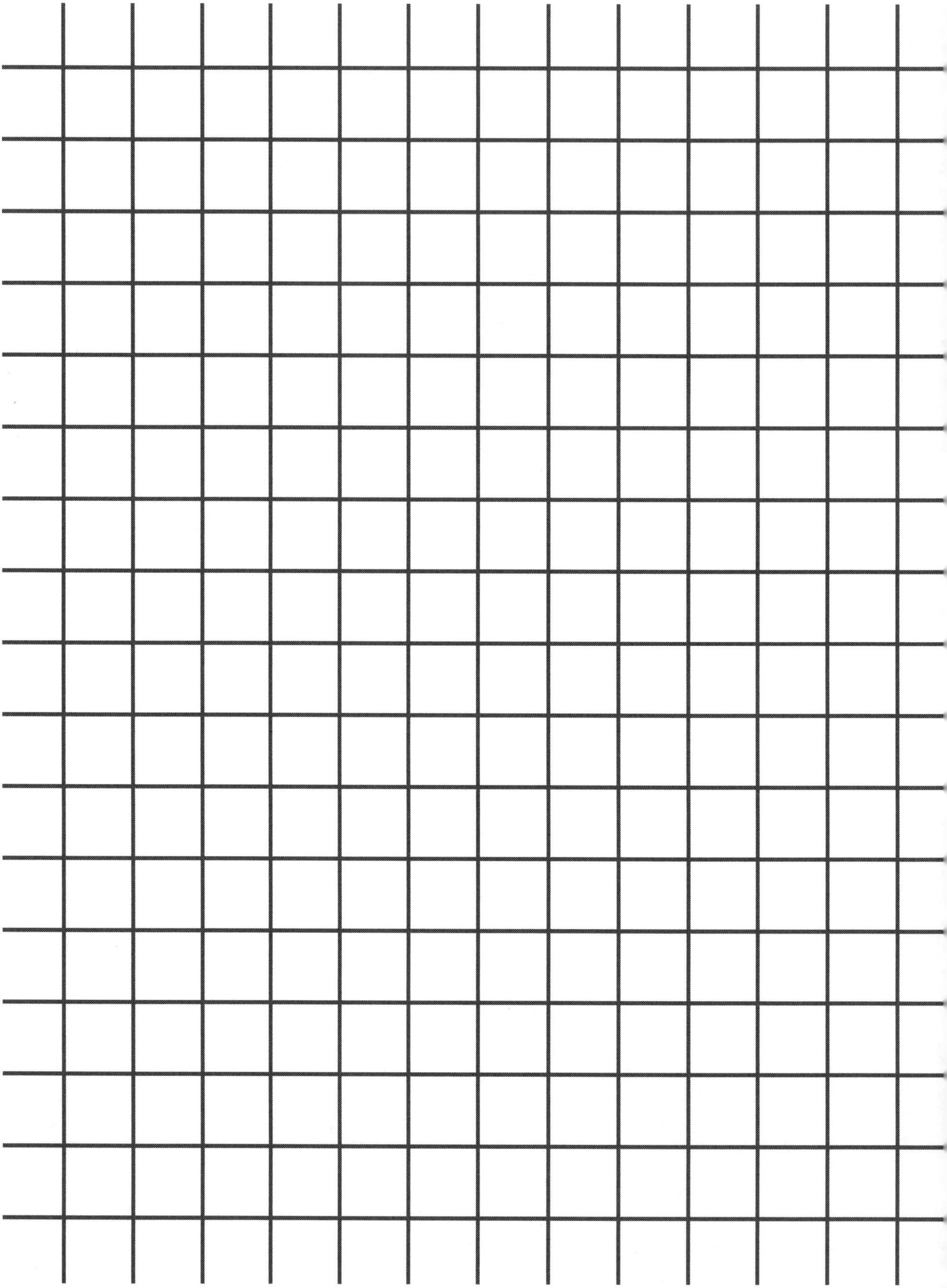

31128464R10061

Made in the USA
Columbia, SC
01 November 2018